Vas-tu être honnête envers toi-même ?

○ Oui !

○ Non...

Si la réponse est non, tu ferais mieux de refermer ce livre !

Es-tu prête à faire des changements dans ta vie ?

Oui   Non

Penses-tu que ce sera facile ?

Oui   Non

Tu vas tout faire pour y parvenir ?

Oui   Non

Tu penses mériter le bonheur ?

Oui   Non

Alors tu es prête pour commencer. Mais rappelle-toi que les questions ne sont pas là pour te guider, seulement pour te montrer le chemin et faire le point sur ta vie.

Tu aimes …

les livres ?   **Oui** ◯ ◯ **Non**

le cinéma ?   **Oui** ◯ ◯ **Non**

les jeux vidéos ?   **Oui** ◯ ◯ **Non**

Sortir ?   **Oui** ◯ ◯ **Non**

les études ?   **Oui** ◯ ◯ **Non**

le fast-food ?   **Oui** ◯ ◯ **Non**

braver l'interdit ?   **Oui** ◯ ◯ **Non**

les secrets ?   **Oui** ◯ ◯ **Non**

Qui es-tu et d'où viens-tu ?

....
....
....
....
....
....
....

Es-tu heureuse ?

....
....
....
....
....
....
....

Ce qui ne va pas :

....
....
....
....
....
....
....

Ce qui va bien :

....
....
....
....
....
....
....

Tes plus gros défauts ?

....
....
....
....
....
....

Tes plus grandes qualités ?

....
....
....
....
....
....

Personne n'est parfait l'important est de se connaître

T'acceptes-tu comme tu es ?

Oui ◯ ◯ **Non**

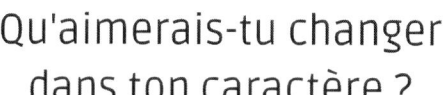

Qu'aimerais-tu changer dans ton caractère ?

....
....
....
....
....
....

Dis- moi qui est la plus belle !

Tu aimes te regarder dans le miroir ?

Oui ◯ ◯ **Non**

Pourquoi ?

....

....

....

....

....

Le physique est important pour toi ?

....
....
....
....
....
....

Quelle est la partie de ton corps que tu aimes le moins et pourquoi ?

....
....
....
....
....

Celle que tu aimes
le plus et pourquoi ?

....
....
....
....
....
....

Il faut savoir s'aimer pour aimer les autres

Tu aimerais être différente ?

....
....
....
....
....
....

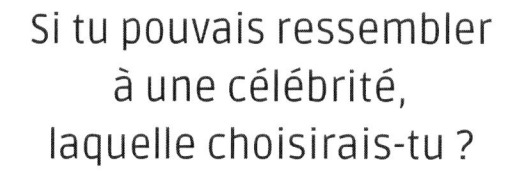

Si tu pouvais ressembler
à une célébrité,
laquelle choisirais-tu ?

....

Cite trois choses que tu
envies chez elle.

....

....

....

Cite trois choses qu'elle
devrait t'envier.

....

....

....

Avec qui tu voudrais passer plus de temps ?

....

Qu'est-ce qui t'en empêches ?

....

....

**Entoure-toi des bonnes personnes
Laisse les personnes négatives
quitter ta vie**

Qui tu veux voir moins ?

....

Pourquoi ?
Qu'est-ce qu'elle t'a fait ?

....

....

....

Quels sont les plus gros défauts de tes parents ?

....
....
....
....
....

Tu as certains de ces défauts ?   **Oui** ○
                                        Non ○

Leurs qualités ?

....
....
....
....
....

Les plus gros défauts de ta meilleure amie ?

....
....
....
....

Ses défauts sont-ils dérangeant pour votre amitié ?   **Oui** ◯
　　　　　　　　　　　　　　　　　　　　　　Non ◯

Ses qualités ?

....
....
....
....
....

Raconte moi ton plus gros secret.

....

....

....

....

....

Si quelqu'un dévoile un secret que tu lui as confié, ne lui fais plus jamais confiance

....

....

....

....

....

Tu l'as déjà raconté à quelqu'un ?

Oui 〇 〇 Non

Quel est le nom de ta meilleure amie ?

....

C'est dans les moments difficiles que l'on voit qui sont ses vrais amis

Tu lui as déjà dit ou penses-tu lui dire un jour ?

Oui 〇 〇 Non

Tu lui fais entièrement confiance ?

Oui 〇 〇 Non

Qu'est-ce que ta meilleure amie
a déjà fait pour toi ?

....
....
....
....
....
....

Qu'est-ce que tu as déjà fait
pour elle ?

....
....
....
....
....
....

Tu aimes...

l'hypocrisie ?　　**Oui** ○　○ **Non**

le mensonge ?　　**Oui** ○　○ **Non**

les moqueries ?　　**Oui** ○　○ **Non**

flirter ?　　**Oui** ○　○ **Non**

les concerts ?　　**Oui** ○　○ **Non**

les gens ?　　**Oui** ○　○ **Non**

la religion ?　　**Oui** ○　○ **Non**

le sport ?　　**Oui** ○　○ **Non**

À quoi tu penses le plus souvent ?

....

....

....

....

À quoi consacres-tu le plus de temps ?

....

....

....

....

Il faut savoir savourer les bons moments

Une personne de confiance
qui t'a déçu ?

....

On peut pardonner mais on n'oublie jamais

Qu'est-ce qu'elle t'a fait ?

....
....
....
....
....
....

Le professeur que tu as
le plus détesté et pourquoi ?

....

....

....

....

....

Celui que tu as le plus aimé
et pourquoi ?

....

....

....

....

....

....

Tu peux m'appeler comme tu veux si ton amitié est sincère

Comment te surnommes tes amies ?

....

Tu aimes ce surnom ?

Oui ◯ ◯ **Non**

Si tu pouvais choisir, quel surnom voudrais-tu avoir ? Et pourquoi ?

....
....
....
....
....
....

Le nom de la personne dont tu es amoureuse.

....

Comment tu sais que tu l'aimes ?

....
....
....
....
....

C'est un secret ?
Qui le sait ?

....
....
....

Penses-tu que cette personne t'aimes aussi ?

Oui ◯
Non ◯

Quels signes te font penser cela ?

....
....
....
....
....
....

Que veux-tu faire le plus avec cette personne ?

....
....
....
....
....
....

Tu auras des enfants plus tard ?

Oui ◯ ◯ **Non**

Combien de garçon ?

....

Combien de fille ?

....

Quel âge ton premier enfant ?

....

Tu les aimeras même s'ils ont tes défauts ?

Oui ◯ ◯ **Non**

Je suis comme je suis

Entoure les mots qui te caractérise.

jalouse   triste   saisissante

joyeuse   peste

belle

franche   fêtarde

bosseuse   sincère

menteuse

arrogante

influençable

élègante

fainéante

génèreuse

joueuse   artiste

peureuse

aimante

fière   loyale

envieuse

Quelle est la pire chose que tu as faite ?

....
....
....
....
....
....

Cite les choses biens qui ont pu racheter ta conduite ?

....
....
....
....
....

Manges-tu sainement ?

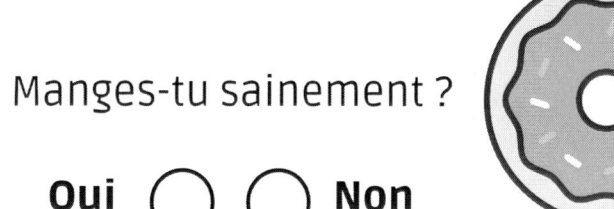

Oui ◯ ◯ **Non**

Ton fast-food favori ?

....

Si tu devais choisir, le sexe ou la bouffe ?

....

Plutôt sucré ou salé ?

....

Ne plus jamais manger de viande
ou ne plus jamais manger de gâteau ?

....

Quel est ton poids idéal ?

....

Tu détestes qui en secret ?

....

Qu'est-ce qui t'énerves le plus chez cette personne ?

....
....
....

Si tu le pouvais, tu lui ferais du mal ? De quelle manière ?

....
....
....
....
....
....

As-tu déjà blessé quelqu'un en lui disant la vérité ?

Oui ◯ ◯ **Non**

Explique :

....

....

....

....

....

....

Si je ne te le dis pas, qui le fera ?

Tu regrettes ?

Oui ◯ ◯ **Non**

Cette vérité était-elle nécessaire à dire ?

Oui ◯ ◯ **Non**

Explique :

....

....

....

....

....

Tu aurais pu lui dire autrement sans la blesser ?

Oui ◯ ◯ **Non**

Note sur une échelle de 1 à 5

Ta patience	1 2 3 4 5
Ton avidité	1 2 3 4 5
Ta loyauté	1 2 3 4 5
Ta confiance en toi	1 2 3 4 5
Ta détermination	1 2 3 4 5
Ton envie de réussir	1 2 3 4 5
Ton assurance	1 2 3 4 5
Ta timidité	1 2 3 4 5
Ton égo	1 2 3 4 5
Ton caractère	1 2 3 4 5
Ton apparence	1 2 3 4 5
Ta force	1 2 3 4 5

Dis-moi quelque chose de très personnel et dont tu n'es pas fière...

....
....
....
....
....

Tu l'as déjà dit à quelqu'un ?

Oui ◯ ◯ **Non**

Cela te fait du bien d'en parler ?

Oui ◯ ◯ **Non**

On commet tous des erreurs

As-tu peur...

de la mort ?	Oui ○	○ Non
de la vie ?	Oui ○	○ Non
des gens ?	Oui ○	○ Non
de la nuit ?	Oui ○	○ Non
de toi même ?	Oui ○	○ Non
de la maladie ?	Oui ○	○ Non
des fantômes ?	Oui ○	○ Non
de vieillir ?	Oui ○	○ Non

Quelle est la chose la plus drôle qui te soit arrivé ?

....

....

....

....

....

Rire est le meilleur des remèdes

....

....

....

....

Quelle a été ta plus grande honte ?
Explique en détail et tu
seras débarrasser de ce fardeau !

....

....

....

....

....

La honte ne tue pas

....

....

....

....

Quel est le plus gros mensonge que tu as raconté ?

....

....

....

....

....

On peut mentir aux autres mais jamais à soi-même

Tu t'en veux ? Pourquoi ?

....

....

....

....

Vas-tu te marier plus tard ?

Oui ◯   ◯ **Non**

Décris ton mariage.

Pour toi, l'amour parfait c'est :

....

....

....

....

....

....

....

....

....

....

La personne dont tu es amoureuse te donnera tout ça ?

Oui ◯ ◯ **Non**

Donnerais-tu ta vie pour...

ta mère ?   **Oui** ◯   ◯ **Non**

ton père ?   **Oui** ◯   ◯ **Non**

un cousin ?   **Oui** ◯   ◯ **Non**

un frère ?   **Oui** ◯   ◯ **Non**

une amie ?   **Oui** ◯   ◯ **Non**

l'amour de ta vie ?   **Oui** ◯   ◯ **Non**

un enfant que tu ne connais pas ?   **Oui** ◯   ◯ **Non**

ton animal de compagnie ?   **Oui** ◯   ◯ **Non**

Cite cinq choses que tu
sais vraiment bien faire.

....

....

....

....

....

Avec de l'entrainement on peut tout faire

Cite cinq choses que tu
ne sais pas faire.

....

....

....

....

....

Parmi ce que tu ne sais pas faire,
qu'aimerais-tu apprendre à faire ?

....
....
....
....

> **On peut décrocher la lune si on le veut vraiment**

Qu'est-ce qui
t'empêches d'apprendre ?

....
....
....
....

Tu préfères...

les jeans	○	○	les robes
cheveux longs	○	○	cheveux courts
t-shirt	○	○	décolleté
baskets	○	○	talons
maquillage	○	○	naturel
tatouage	○	○	boucle d'oreille
collier	○	○	piercing
bracelet	○	○	montre
legging	○	○	jupe

Ecris le nom de la personne qui t'as fait le plus de mal.

....

Ne me fais pas ce que tu n'aimerais pas qu'on te fasse

Tu lui pardonnes ?

Oui ◯ ◯ **Non**

Pourquoi ?

....
....
....
....
....

Raconte ce qu'elle t'a fait.
Libère-toi !

....

....

....

....

....

....

....

....

....

....

Oublier le passé pour mieux renaitre

Quand as-tu pleuré la dernière fois ?

....
....
....
....
....

Je n'ai pas honte de mes larmes

Pourquoi as-tu pleuré ?

....
....
....
....
....

Qu'est-ce qui t'as aidé à aller mieux ?

....
....
....
....
....

Sur qui tu pourras toujours compter ?

....
....
....
....
....

Penser à des choses positives aide à se sentir mieux

Entoure les mots qui te font du bien.

musique

cinéma

soeur

restaurant

livre

amour

amitié

sincérité

maman

papa

animaux

sport

école

violence

dessin

famille

frère

art

jeux

réseaux sociaux

Qu'est-ce que tu ne
diras jamais à tes parents ?

....

....

....

....

....

Doit-on vraiment tout dire ?

Qu'est-ce qu'ils diraient s'ils
le savaient ?

....

....

....

....

....

Quel est ton chanteur préféré ?

....

Ton film préféré ?

....

Ton livre préféré ?

....

Ton acteur préféré ?

....

Ton jeux vidéo préféré ?

....

Ton sport préféré ?

....

Quel est ton plus grand rêve ?

....

....

Dream Big

....

....

....

Ne jamais abandonner ses rêves

Que fais-tu pour y parvenir ?

....

....

....

live your dream.

....

Quel est la pire chose qu'on t'as forcé à faire ?

....

....

....

....

....

Se rebeller est parfois necessaire

Comment tu ferais pour ne plus être forcé à faire ce que tu ne veux pas?

....

....

....

....

....

Tu passes beaucoup de temps sur ton téléphone ?

....
....
....
....

Que fais-tu le plus dessus ?

....
....
....
....
....

Quelles sont tes applications préférées ?

....

....

....

....

....

Les youtubeurs, tiktokeurs que tu regardes le plus ?

....

....

....

....

....

Tu es plutôt...

marrante ?	Oui ○ ○ Non
énervante ?	Oui ○ ○ Non
colèrique ?	Oui ○ ○ Non
possessive ?	Oui ○ ○ Non
joyeuse ?	Oui ○ ○ Non
attachante ?	Oui ○ ○ Non
sociable ?	Oui ○ ○ Non
calineuse ?	Oui ○ ○ Non

Si tu étais une super-héroïne,
Quels seraient tes pouvoirs ?

....
....
....
....
....

Tu t'en servirais pour faire le bien
ou pour te venger ?

....
....
....
....
....

Raconte ta plus grosse bêtise.

OOPS

....

....

....

....

....

....

....

Tu regrettes ou tu trouves ça drôle ?

....

....

....

Tu préfères...

l'amour	○ ○	l'argent
la paresse	○ ○	le travail
le soleil	○ ○	la pluie
le physique	○ ○	le mental
l'action	○ ○	la reflexion
le pardon	○ ○	la vengeance
la ville	○ ○	la campagne
la détente	○ ○	l'exercice
voyager	○ ○	rester sur place

Si tu avais le droit à trois voeux, ce serait quoi ?

....

....

....

Ces voeux sont-ils ègoïste ?

Oui ◯   ◯ **Non**

T'en servirais-tu pour faire du mal à d'autres personnes ?

Oui ◯   ◯ **Non**

Ces voeux te rendrait plus heureuse ?

Oui ◯   ◯ **Non**

Tu es de bonne humeur le matin ?

Oui ◯ ◯ **Non**

Si tu ne mets pas de réveil, tu dors jusqu'à quelle heure ?

....

Ton premier réflexe en te levant ?

....

....

Tu manges quoi au petit-déjeuner ?

....

....

....

PARTY TIME

Qu'aimes-tu faire le samedi soir ?
Raconte ta soirée parfaite.

....

....

....

....

....

....

....

Tu te sens bien le lendemain ?

Oui ◯ ◯ **Non**

Quelles sont tes plus grandes phobies ?

....

....

....

....

....

Avoir peur nous fait sentir vivant

De quoi tu n'as pas peur ?

....

....

....

....

....

Quels conseils donnerais-tu
à l'enfant que tu étais ?

....

....

....

....

....

Ta vie dépend des choix que tu fais

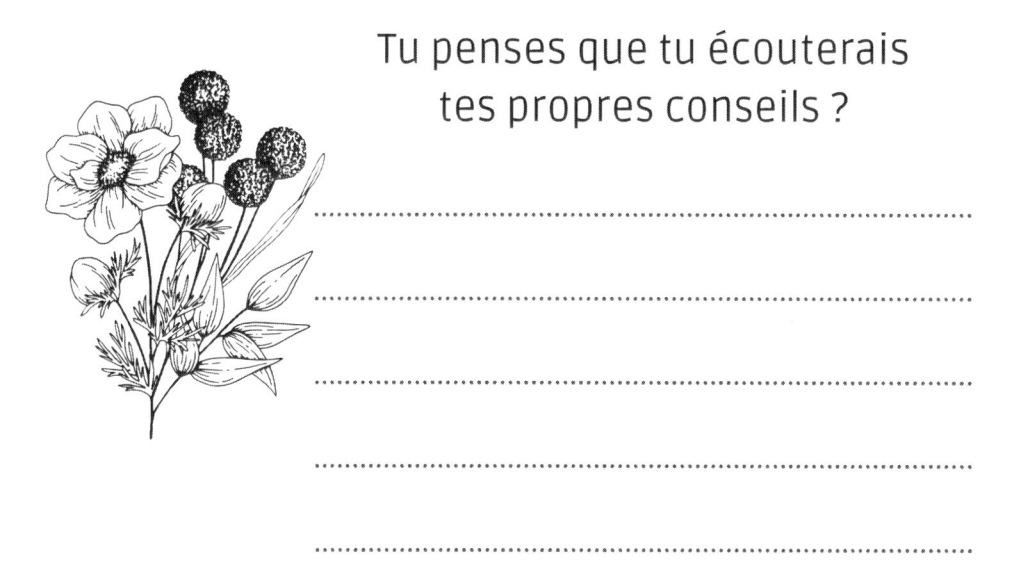

Tu penses que tu écouterais
tes propres conseils ?

....

....

....

....

....

Tu regrettes ton ex ?

Oui ○ ○ **Non**

Tu l'aimais vraiment ?

Oui ○ ○ **Non**

Qu'est-ce que tu aimerais lui dire et que tu n'as jamais pu ?

....
....
....
....
....
....

Tu l'aime toujours ?

Oui ○ ○ **Non**

La liste des choses interdites que tu aimerais faire.

Quel jour te déprime le plus et pourquoi ?

....

....

....

....

....

Ton jour préféré et pourquoi ?

....

....

....

....

....

Te définis-tu comme...

sincère ?	Oui ○ ○	Non
loyale ?	Oui ○ ○	Non
aimable ?	Oui ○ ○	Non
courageuse ?	Oui ○ ○	Non
excentrique ?	Oui ○ ○	Non
gloutonne ?	Oui ○ ○	Non
imaginative ?	Oui ○ ○	Non
intelligente ?	Oui ○ ○	Non

Quel est ton plus beau souvenir ?

love

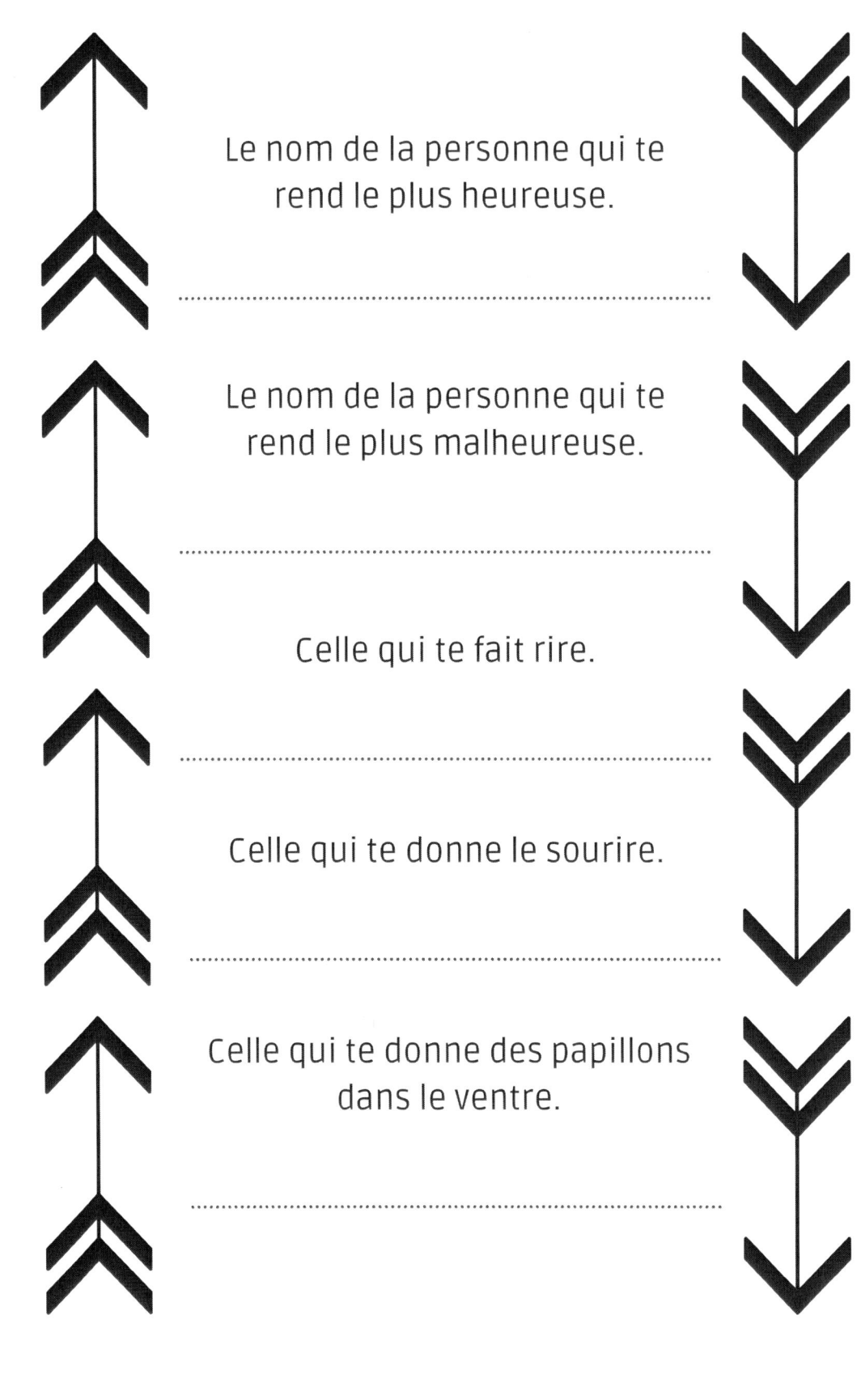

Le nom de la personne qui te rend le plus heureuse.

....

Le nom de la personne qui te rend le plus malheureuse.

....

Celle qui te fait rire.

....

Celle qui te donne le sourire.

....

Celle qui te donne des papillons dans le ventre.

....

As-tu déjà reçu un cadeau que tu détestais ?

Oui ◯ ◯ **Non**

Tu as fait semblant d'aimer ?

Oui ◯ ◯ **Non**

C'était quoi ?

....

Pourquoi avoir fait semblant (ou pas) ?

....
....
....

Tu t'es vengé ?

Oui ◯ ◯ **Non**

Tu as déjà pris une cuite ?

Oui ◯ ◯ **Non**

Non, l'alcool ce n'est pas de l'eau

Raconte :

....

....

....

....

....

....

La pire chose que tu as faite à cause de l'alcool ?

....

....

....

Tu te souviens de ton premier baiser ?

Oui ○ ○ **Non**

On n'oublie jamais sa première fois

Raconte :

....
....
....
....
....
....
....
....
....

Quelle première fois tu es impatiente de réaliser ? Pourquoi ?

....

....

....

....

....

....

Comment tu imagines ce moment ?

....

....

....

....

....

....

Quel est le meilleur conseil qu'on t'a donné ?

....
....
....
....

Ce conseil t'a aidé ?

Oui ◯   ◯ **Non**

Qui te l'a donné ?

....

Quelle a été ta plus grande dispute ? Avec qui ? Pour quelle raison ?

....

....

....

....

....

....

....

....

....

Vous vous êtes réconcilié ?

Oui ◯   ◯ Non

Si tu devais choisir entre...

ton père	○ ○	ta mère
ta meilleure amie	○ ○	l'amour de ta vie
les voyages	○ ○	le travail
ta famille	○ ○	tes amis
ton bonheur	○ ○	celui de tes proches
la réussite	○ ○	l'amour
te sauver	○ ○	sauver le monde
un travail que tu n'aimes pas, mais plein d'argent	○ ○	le job de tes rêves, mais sans argent

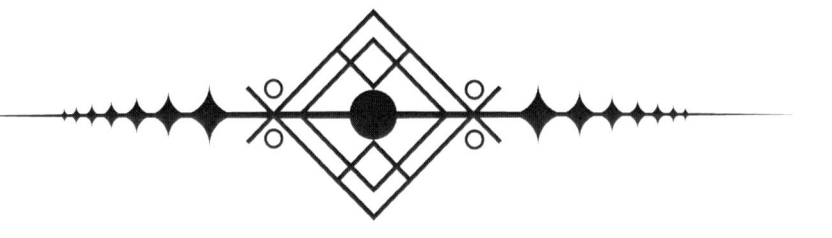

Ce que tu n'oseras jamais dire tout haut.

Tu as déjà eu une relation toxique ?

Oui ◯   ◯ **Non**

Le nom de cette personne :

....

Explique :

....

....

....

....

....

....

....

Décris la vie que tu voudrais avoir.

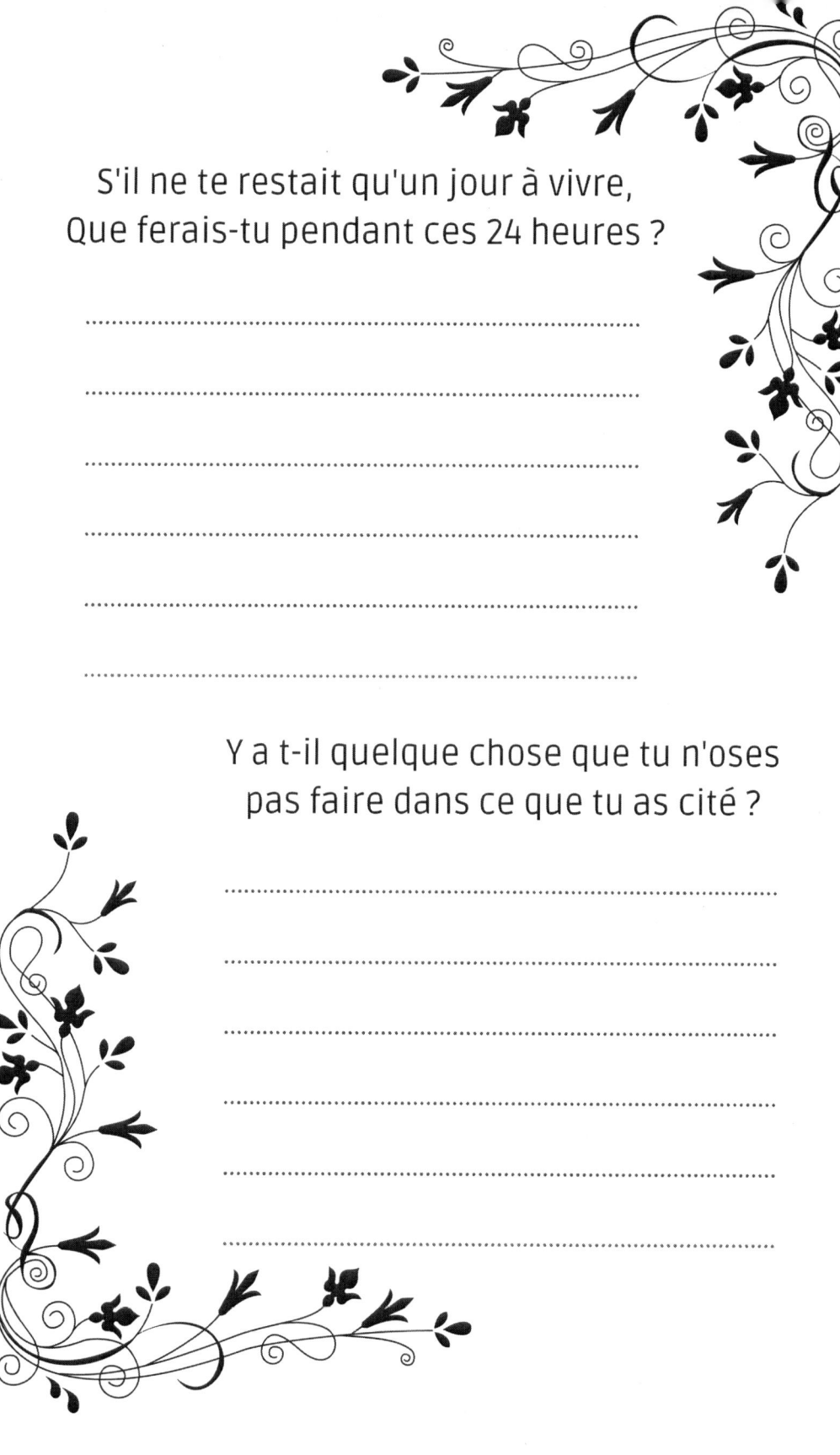

S'il ne te restait qu'un jour à vivre,
Que ferais-tu pendant ces 24 heures ?

....
....
....
....
....
....

Y a t-il quelque chose que tu n'oses
pas faire dans ce que tu as cité ?

....
....
....
....
....
....

Quel est ton pire souvenir ?

Quelle sont tes plus grandes forces ?

....
....
....

Tes plus grandes faiblesses ?

....
....
....

Quel a été ton plus gros chagrin ?

....
....
....

Quel est ton plus grand regret ?

....

....

....

....

....

....

Mieux vaut avoir des remords que des regrets

Comment peux-tu arranger ça ?

....

....

....

....

....

....

Tu as déjà fait du mal à quelqu'un ?

Oui ◯ ◯ **Non**

Le nom de cette personne :

....

Explique :

....
....
....
....
....
....

Test de pureté.

Tu as déjà fumé ? ○

Tu as déjà trompé ? ○

Tu as déjà volé ? ○

Tu as déjà menti ? ○

Tu as déjà fait pleurer ? ○

Tu as déjà séché les cours ? ○

Tu as déjà critiqué une amie ? ○

Tu as déjà été ivre ? ○

Tu as déjà eu des relations sans lendemain ? ○

Tu as déjà été tenté par la drogue ? ○

Tu as déjà ri du malheur d'un autre ? ◯

Tu as déjà passé deux jours sans te laver ? ◯

Tu as déjà vomi à cause de l'alcool ? ◯

Tu as déjà vomi sur quelqu'un ? ◯

Tu as déjà joué a des jeux sexuels ? ◯

Tu as déjà passé une nuit au poste de police ? ◯

Tu as déjà triché à un examen ? ◯

Tu as déjà été infidèle ? ◯

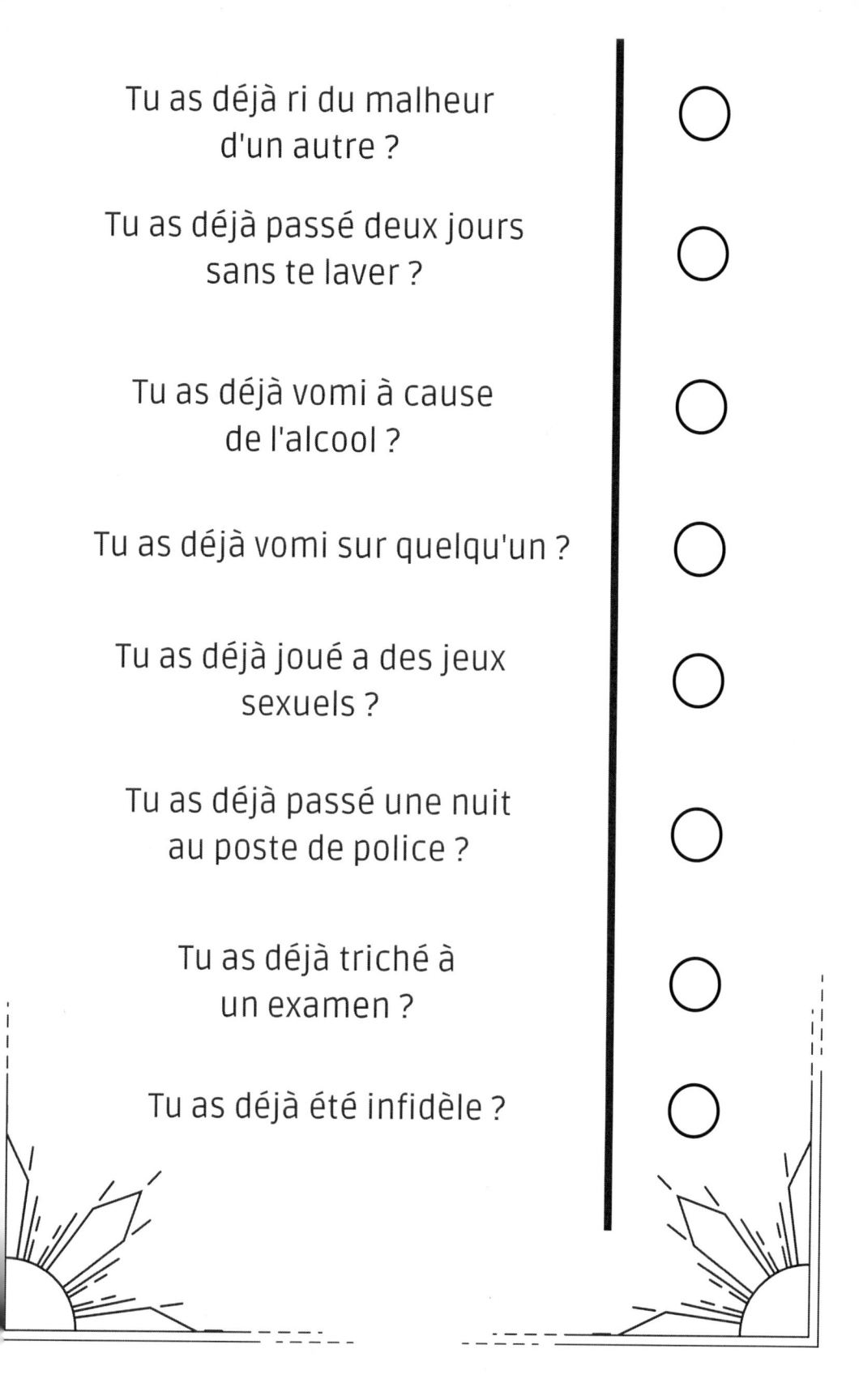

Le nom de ton amie...

la plus drôle.

....

la plus folle.

....

la plus débile.

....

la plus excentrique.

....

la plus coquine.

....

la plus malaisante.

....

la plus malsaine.

....

la plus pure.

....

la plus joyeuse.

....

la plus intelligente.

....

la plus loyale.

....

Décris en un seul mot...

ta vie.

....

ta meilleure amie.

....

ta mère.

....

ton père.

....

toi même.

....

ton caractère.

....

Raconte un secret qu'on t'a dit et que tu ne devrais jamais dire.

Vas-tu garder ce secret ?

Oui ◯   ◯ **Non**

Certains secrets sont plus difficiles à garder que d'autres

Tu aimerais le raconter à quelqu'un ?

Oui ◯   ◯ **Non**

Tu aimerais le dire à qui et pourquoi ?

....

....

....

....

....

....

La vengeance est un plat qui se mange froid

Quels malheurs aimerais-tu qu'il arrive à ton pire ennemi pour te venger ?

....

....

....

....

....

Tu te sens coupable de lui vouloir du mal ?

Oui ◯ ◯ **Non**

Quel est son nom ?

....

Tu vois encore cette personne
dans la vie de tous les jours ?

Oui ◯ ◯ **Non**

BYE BYE

Qu'as-tu fait, ou qu'aimerais-tu
faire pour ne plus la voir ?

....
....
....
....
....
....

Quelle sont tes plus grandes réussites dans la vie ?

....

....

....

....

....

....

Tes plus grands échecs ?

....

....

....

....

....

Le nom de ton premier amour ?

....

La pire drogue que tu as testé ?

....

La dernière chose que tu as volé ?

....

Pourrais-tu tuer pour de l'argent ?

Oui ◯ ◯ **Non**

Le nom de ton plus grand fantasme ?

....

Une amie que tu as trahie ?

....

Un ex que tu regrettes ?

....

Ton insulte favorite ?

....

A quoi es-tu accro ?

....

Un fantasme inavouable ?

....

Pourrais-tu tuer par vengeance ?

Oui ◯ ◯ **Non**

Qui veux-tu voir souffrir ?

....

Qui tu ne trahiras jamais ?

....

Qui tu hais le plus ?

....

Si tu devais mourir ce soir sans pouvoir communiquer avec quiconque, que regretterais-tu de ne pas avoir dit ?

....

....

....

....

....

....

Pourquoi ne l'as-tu pas encore dit ?

....

....

....

....

....

....

Les choses que tu veux absolument
faire avant de mourir sont...

....

....

....

....

....

....

....

....

Elle ne savait pas que c'était impossible alors elle l'a fait

Tu vas tenter de les réaliser
au plus vite ?

Oui ◯   ◯ **Non**

As tu envie…

d'être heureuse ?	Oui ○ ○	Non
d'être fière de toi ?	Oui ○ ○	Non
d'aimer ceux qui t'aimes ?	Oui ○ ○	Non
de faire le bien autour de toi ?	Oui ○ ○	Non
de prendre de bonnes résolutions ?	Oui ○ ○	Non
d'être aimé ?	Oui ○ ○	Non
de réussir ta vie ?	Oui ○ ○	Non
de ne plus penser aux mauvaises choses de ton passé ?	Oui ○ ○	Non

Tu devrais t'aimer plus ?

Oui ◯ ◯ Non

Tu devrais arrêter de regarder le passé ?

Oui ◯ ◯ Non

Tu dois passer plus de temps avec les gens que tu aimes ?

Oui ◯ ◯ Non

Tu devrais travailler plus pour atteindre tes objectifs ?

Oui ◯ ◯ Non

Tu vas être la meilleure version de toi-même ?

Oui ◯ ◯ Non

Note tes ambitions de vie !

Note ce que tu vas faire pour y parvenir !

*Reviens plus tard et note ce que tu as accomplis.
Tes nouveaux objectifs et tes nouveaux projets.*

Manufactured by Amazon.ca
Acheson, AB